# Marie, ce que dit la foi

## Du même auteur

*Jésus-Christ, l'unique Médiateur*, t. 1 : *Problématique et relecture doctrinale*, Desclée, 1988 (rééd. 2003) ; t. 2 : *Les récits du salut*, 1991.

*La Résurrection et la vie*, Desclée de Brouwer, 1990 (2e édition 2004).

*Pour une théologie œcuménique*, Cerf, 1990.

*Pédagogie du Christ*, Cerf, 1994.

*N'ayez pas peur*, Desclée de Brouwer, 1996.

*Jésus-Christ à l'image des hommes*, Desclée de Brouwer, 1997.

*Saint Basile et la Trinité*, Desclée, 1998.

*Croire*, Droguet et Ardant, 1999.

*Tout récapituler dans le Christ*, Desclée, 2000.

*Jésus-Christ dans la tradition de l'Église*, Desclée, 2000.

*Le magistère à l'épreuve*, Desclée de Brouwer, 2001.

*Karl Rahner*, Cerf, 2001.

*Le Christ hier, aujourd'hui et demain*, Desclée de Brouwer, 2004.

*« Hors de l'Église pas de salut ». Histoire d'une formule et problèmes d'interprétation*, Desclée de Brouwer, 2004.

### Sous la direction de Bernard Sesboüé

*Histoire des dogmes*, Desclée

Vol. 1 : *Le Dieu du salut* (avec J. Wolinski), 1994).

Vol. 2 : *L'homme et son salut* (avec V. Grossi, L.-F. Ladaria, Ph. Lécrivain), 1995).

Vol. 3 : *Les signes du salut* (avec H. Bourgeois, P. Tihon), 1995.

Vol. 4 : *La parole du salut* (avec Ch. Theobald), 1996.

Bernard Sesboüé s.j.

# Marie, ce que dit la foi

Bayard

ISBN 2-227-47435-1

3 et 5, rue Bayard, F-75008 Paris

# Introduction

Ces quelques pages ne prétendent nullement proposer une théologie mariale organique et complète. Elles se contentent de faire brièvement le point sur l'actualité de la réflexion concernant la Vierge Marie, depuis le tournant opéré à Vatican II, et de situer, dans ce cadre, l'apport spécifique du Groupe œcuménique des Dombes qui a présenté un document commun à des catholiques et à des protestants sur Marie.

N'oublions jamais que, si la Vierge Marie est un thème doctrinal fondamental en théologie catholique et orthodoxe, elle est aussi l'objet d'un investissement affectif très fort, positif ou négatif. Cet investissement donne parfois lieu chez les catholiques à certaines exagérations dangereuses, tandis qu'une forme d'irritation et de rejet se manifeste encore de nos jours chez nombre de protestants. Ce n'est pas qu'ils en veulent à la Vierge Marie elle-même, dont ils reconnaissent volontiers l'importante figure biblique, mais ils réagissent en fonction d'un soupçon spontané de « mariolâtrie » ou d'« inflation mariale » dans l'Église catholique. Dans la manière de parler de Marie aujourd'hui, nous devons tenir compte à la fois d'une conjoncture nouvelle, tant dans la doctrine que dans la piété, et de la sensibilité de nos frères chrétiens. Ces derniers sont en droit d'attendre de nous que nous leur parlions de Marie dans le plein respect de la justification par la grâce moyennant la foi, et dans la pleine confession de sa condition de créature sauvée par celui qui est son fils, le Christ, le Fils de Dieu.

Tel est l'objet de ces deux chapitres.

Le premier prend son point de départ à Vatican II et cherche à conduire le lecteur jusqu'à ce début du XXI^e^ siècle. On sait que le concile, au cours de débats qui furent parfois douloureux, a décidé de ne pas faire un document spécial sur la Vierge Marie, mais de développer une juste théologie mariale dans le dernier chapitre de la constitution *Lumen Gentium* sur l'Église, intitulé *La bienheureuse Vierge Marie, Mère de Dieu, dans le mystère du Christ et de l'Église*. Cette option avait un but très clair : resituer Marie dans le corps de l'Église, car si elle en est un membre évidemment éminent, elle en reste un membre et elle en partage fondamentalement le destin dans le dessein de Dieu. Si elle est appelée Mère de l'Église, il reste que la mère de famille est à l'évidence un membre de la famille. Un tournant a été pris alors en toute lucidité, avec ce chapitre très biblique et très scrupuleux, afin de ne rien dire de la Vierge qui ne soit profondément fondé en Écriture et en doctrine et d'aider toujours les chrétiens séparés de Rome à comprendre plus en vérité la théologie mariale catholique.

Il fallait donc retracer ces débats et le tournant pris alors. Il fallait aussi dire les orientations de la théologie mariale postérieure au concile. Les théologiens ont-ils marché sur ses traces ? Ont-ils dégagé des pistes nouvelles ? Certaines régressions ne risquent-elles pas également de se faire sentir ?

Le second chapitre rend compte d'une audace que le Groupe des Dombes s'est autorisée après un demi-siècle d'existence. Dans ce climat de réflexion théologique renouvelée du côté catholique, mais pas encore complètement pacifiée, le Groupe a estimé qu'il lui était permis d'inscrire à son programme le thème de la Vierge Marie. Un seul document jusqu'alors – américain – s'était penché sur un sujet longtemps jugé tellement sensible qu'il décourageait le dialogue œcuménique. Un travail de fond a pu ainsi exprimer, dans le cadre de la confession chrétienne de la foi, tout ce que des catholiques, des réformés et des luthériens, français et suisses, étaient capables de dire ensemble sur la Vierge Marie, dans une relecture à la fois biblique et doctrinale. Mais il fallait aborder aussi un contentieux séculaire qui s'est amplifié avec les récentes définitions catholiques sur l'Immaculée Conception et l'Assomption. Avec exigence et probité, le Groupe a tenu à faire le point de quatre grandes divergences sur ce sujet et à proposer en plusieurs cas des solutions aussi fondées qu'audacieuses. Ce document a reçu le prix René Laurentin décerné par la Faculté pontificale de théologie « Marianum », institut spécialisé à Rome en théologie mariale. C'est dire que ce texte œcuménique n'a pas tracé de voies suspectes.

Pour introduire le document lui-même, il a paru nécessaire de faire une brève présentation du Groupe œcuménique des Dombes, fondé en 1937 par l'abbé Couturier, le grand pionnier de l'œcuménisme à Lyon et de la semaine de prière pour l'unité des chrétiens : on y trouvera brièvement relatées son histoire et sa méthode de travail.

Que ces quelques miettes de théologie

mariale servent à l'honneur de la Vierge Marie et à une meilleure compréhension de son rôle dans l'organisme chrétien de la foi, et contribuent à aplanir la voie qui conduit à l'unité de tous les chrétiens.

* * *

*Post scriptum*. Les pages de ce livre ont été écrites en 2003 pour un congrès tenu au Canada. Elles sont donc antérieures au livre récent de Jacques Duquesne, *Marie* (Plon, Paris, 2004), et ne peuvent évidemment pas être considérées comme une réponse à ce livre. Elles font entendre simplement une tout autre voix dans la réflexion mariale contemporaine. C'est tout. Mais les thèmes abordés croisent évidemment – avec des options bien différentes – les thèses de Jacques Duquesne. Il est donc honnête de m'en expliquer brièvement.

Jacques Duquesne persiste et signe. Malgré bien des critiques adressées à son livre *Jésus*, il nous dit sans ambages et plus nettement encore que Jésus est né d'une union conjugale normale entre Joseph et Marie et que celle-ci a été mère d'une famille nombreuse. S'il pose avec justesse le principe de la distinction entre l'histoire et la foi et proclame avec raison qu'il n'y a pas d'opposition entre l'une et l'autre (p. 12), en fait, non seulement il les sépare, mais encore il oublie presque complètement le point de vue de la foi et la cohérence profonde de ses diverses affirmations. Selon l'auteur les paroles du Credo pourraient garder tout leur sens, même s'il apparaît à l'évidence qu'elles sont contredites par l'histoire. Quand il se fait théologien, de temps en temps, Duquesne découvre aussi des incompatibilités surprenantes à l'intérieur du discours de la foi. Malgré toute la sympathie que j'éprouve pour l'homme, avec lequel je me souviens d'avoir débattu publiquement sur *Jésus*, celui-ci me permettra de faire valoir les réflexions critiques d'un théologien qui s'est toujours opposé à toutes les formes d'inflation mariale, comme ce livre le manifeste à nouveau.

1. Disons d'abord quelques mots de *l'histoire*, sans vouloir aucunement reprendre la totalité du dossier. Je tiens à en rester à des mots très simples et de bon sens, parfaitement indemnes « de ces acrobaties intellectuelles dont quelques-uns [des théologiens] ont le secret » (p. 34), selon le jugement de notre auteur. Les évangélistes Matthieu et Luc croyaient-ils en la réalité événementielle de la conception virginale ? Il est bien difficile de le nier. Pourquoi auraient-ils inventé

un langage aussi contraire à la tradition juive qui met tant en honneur la fécondité conjugale et ne parle pratiquement pas de la virginité comme d'une valeur ? Comment concevoir le choix d'un tel « symbole », immédiatement contraire aux faits ?

Il en va de même de l'Église ancienne : un Irénée a parfaitement conscience de se battre sur deux fronts, celui des gnostiques docètes qui dénient toute humanité corporelle à Jésus et celui de certains groupes judaïsants qui affirment déjà tout de go que Jésus est le fruit de l'union de Joseph et de Marie. Cela se passe au IIe siècle, bien avant que la virginité ne soit en honneur dans l'Église[1]. Comme il aurait été facile de sacrifier la conception virginale à la véritable humanité du Christ. Irénée n'a pas voulu le faire et l'Église l'a suivi. Duquesne fait de manière unilatérale le rapprochement entre les mythes païens et le thème de la conception virginale. Mais il ne met nullement en valeur la différence radicale entre les deux cas : il n'y a précisément rien de sexuel du côté chrétien ; et il ne voit même pas combien cette donnée était à

1. L'erreur est ici de croire que ces affirmations sont le fruit d'une estime privilégiée de la virginité dans la mentalité chrétienne de l'époque, alors qu'au contraire c'est la virginité de Marie qui est à la source de l'éloge de la virginité dans l'Église ancienne.

l'époque la source d'une objection fondamentale à la foi chrétienne[2], presque aussi forte que la Passion de Jésus.

Venons-en à la virginité perpétuelle de Marie et aux « frères et sœurs » de Jésus. C'est un point second qui n'a pas le même enjeu que le précédent. Au plan de l'histoire, j'en reste à la conviction que la preuve de l'identité exacte de ces frères (issus des mêmes parents ou membres proches de la famille) est *indécidable*, pour la raison que les évangélistes n'ont pas pris le soin de nous en informer avec précision et que les arguments invoqués se retournent avec une extrême facilité. Cette conviction est partagée par nombre d'exégètes sérieux (dont certains sont même « mondialement connus »). J. Duquesne ne s'appuie donc nullement sur un consensus des historiens, en posant son titre triomphant de « Marie, mère de famille nombreuse »[3].

Le fait que le grec distingue le terme de frère (*adelphos*) du terme de cousin (*anepsios*), alors que l'hébreu ne le fait pas, ne dirime nullement la question de l'extension de l'usage de ce terme de frère à l'époque.

---

2. Même s'il la cite par la bouche de Tryphon dans le texte de Justin (p. 53).
3. Si tous ceux et celles qui sont appelés frères et sœurs de Jésus dans les évangiles ont été des fils et des filles de Marie, celle-ci aurait eu huit enfants.

Le sens de la famille nucléaire est très moderne, par rapport à la conception traditionnelle de la phratrie. En tout cas, le mot de frère est utilisé dans les évangiles pour la fraternité spirituelle, comme il l'est encore aujourd'hui dans certaines communautés religieuses, ce qui suppose qu'il était apte à une telle transposition.

Enfin, devant tant de mentions des frères de Jésus, comment se fait-il que les hommes du IVe siècle qui ont affirmé, dans le cadre d'une réflexion de foi, la virginité perpétuelle de Marie, n'y ont pas lu une impossibilité radicale ? Jérôme, bon connaisseur et traducteur de la Bible, a sans doute imaginé des solutions difficilement recevables. Mais il a estimé que le texte évangélique ne lui interdisait nullement de parler de virginité perpétuelle à propos de Marie.

Dans ses argumentations J. Duquesne fait preuve d'une puissance d'affirmation vraiment incroyable, portée par son réel talent de vulgarisateur. De temps en temps, il invoque l'évidence ou il ponctue son raisonnement d'un « Sans commentaire », destiné à vous laisser pantois. Là où les savants « mondialement connus », sous lesquels il aime à placer son discours, risquent des hypothèses, souvent contraires, dans le cadre d'un dialogue qui se corrige et se perfectionne sans cesse, Duquesne se croit légitimé à tirer avec une sorte de joie les conclusions les plus drastiques, sans doute parce qu'elles vont déniaiser le pauvre catholique de la base qu'elles provoquent à dessein. Il ne l'aide pas à se former un jugement, il conclut à sa place.

Son livre est le fruit d'une réelle érudition (57 pages de notes pour 170 pages de texte) et peut faire illusion. Mais celle-ci est assez superficielle : l'auteur tire de l'information partout où il la trouve, sans trop se préoccuper du contexte ni de l'opinion de l'auteur qu'il cite. En fait, l'ouvrage est le fruit d'une demi-science, c'est-à-dire que les arguments retenus et proposés vont tous dans le même sens. On y sent la plaidoirie de l'avocat qui met soigneusement en veilleuse tout ce qui contredit sa thèse et monte en épingle tous les arguments favorables.

Je ne veux pas reprocher à J. Duquesne d'avoir écrit un ouvrage de seconde main, car c'est le propre d'un vulgarisateur qui veut informer. Mais j'ai le droit de critiquer certains de ses procédés visibles à l'œil nu : celui de l'amalgame, qui met sur le même pied les affirmations propres de la foi concernant Marie et les innombrables thèses théologiques ou exagérations pieuses qui ont illustré l'histoire. Pour ne prendre qu'un exemple, le thème de la « co-rédemption » tient dans ce livre une place disproportionnée avec sa réalité, sous prétexte que l'on a trouvé le mot sous la plume des quelques papes du début du XX^e^ siècle. La co-rédemption n'a jamais appartenu à la foi de l'Église et Vatican II semble bien avoir mis un point final à ce thème. Ces amalgames donnent à penser que le développement de la théologie mariale n'est, historiquement, qu'un long dérapage.

Un autre procédé est la disqualification des données gênantes et du soupçon systématique. Par petites touches successives on fait sentir au lecteur que ce qui paraissait assuré ne l'est pas et qu'une donnée positive de la foi est en fait discutable ou négative. Pour ne prendre, ici encore, qu'un exemple, le verset capital de la généalogie de Jésus selon Matthieu, qui affirme au terme d'une succession purement masculine : « Jacob engendra Joseph, l'époux de Marie, de laquelle est né Jésus… » (Mt 1,16), est joyeusement traité de « pirouette » (p. 41). Un livre sérieux ne devrait pas se permettre des facilités de ce genre. Je passe sur la tendance à ramener les récits évangéliques au rang d'anecdotes interprétées psychologiquement, sur le témoignage donné de l'obsession de notre époque pour la sexualité, sur le procès constant fait à l'Église et sur nombre d'erreurs.

2. Venons-en maintenant au point de vue de la foi. J. Duquesne nous dit qu'il croit fermement en l'incarnation de Dieu en l'homme Jésus et en la résurrection du Christ : il faut lui en donner acte avec respect. Mais se rend-il compte que nombre de ses arguments vaudraient tout autant pour ces deux affirmations fondamentales ? La contestation des années 1970 sur la résurrection l'a amplement montré. A-t-il réalisé que la conception virginale de Jésus a toujours été comprise comme un *signe* – non une preuve – de la divinité de Jésus et que son refus dans l'histoire a été invoqué précisément par ceux qui refusaient l'incarnation ? Il reconnaît à juste titre que dans la doctrine commune le rôle joué par l'Esprit n'est pas un rôle procréateur, mais un rôle *créateur*. Or tout est là. La conception virginale de Jésus est une initiative créatrice.

J'ai autant de difficulté – ou de facilité, mais je reconnais que ce point provoque en notre temps une allergie spécifique – à croire à cette conception virginale qu'à croire à la création du monde. De même que l'homme, symbolisé dans la Bible par Adam, a été créé par Dieu dès le commencement, de même le signe de la conception virginale nous dit qu'en Jésus, le Fils de Dieu fait homme qui a Dieu pour Père, l'humanité a été recréée pour un nouveau commencement. Il y a ici une correspondance voulue : Adam, comme Jésus, n'est pas engendré par une union conjugale normale. C'est pourquoi Duquesne fait erreur quand il affirme : « On ne peut guère croire à la fois en l'incarnation et en la conception virginale » (p. 58), et de manière péremptoire : « Pour que Jésus soit “vrai homme”, il est indispensable qu'il soit né d'un père humain et d'une mère humaine dans une relation sexuelle normale » (*ibid.*). Jésus a manifesté par toute son existence qu'il a partagé en tout la condition humaine, y compris la mort sauf le péché. Cela devrait suffire à faire la preuve de son humanité, sans poser *a priori* des conditions à Dieu sur la manière dont il doit s'incarner.

À ce plan créateur la conception virginale est irreprésentable et la génétique, moderne ou ancienne, n'a rien à y voir. La question biologique est ici déplacée, il ne s'agit ni d'ADN ni de spermatozoïdes, mais de création divine. Et que Duquesne cesse d'opposer ici, en pur contre-sens, le « engendré non pas créé » du symbole de Nicée-Constantinople. Cette séquence concerne la génération éternelle du Fils et non sa naissance temporelle. Si le Verbe s'est fait homme, il est clair qu'il s'est fait créature, sans cesser d'être le Verbe de Dieu. Puisque Duquesne invoque ici une formule fort juste du théologien

Joseph Ratzinger, affirmant que la divinité de Jésus ne dépend pas de la conception virginale (puisqu'elle se fonde sur la génération éternelle du Verbe), je lui en citerai une autre du même auteur, qui vient deux pages plus loin : au moment où nous ne pouvons plus concevoir l'esprit de l'homme que comme incarné, « on essaie de sauver la foi en la désincarnant totalement, en se réfugiant dans un domaine de simple "signification", de pure interprétation se suffisant à elle-même, et que seul le manque de réalité semble soustraire à la critique[4] ».

La virginité perpétuelle de Marie n'est évidemment pas du même ordre et n'a pas la même importance au regard du mystère. Dans l'ordre de la foi elle exprime le don complet et exclusif de la personne de la Vierge Marie à son fils. Mère virginale de Dieu, Marie demeure une Mère toujours vierge. Soyons sérieux : s'il était avéré que Marie ait été mère de famille nombreuse, la liturgie millénaire de l'Église pourrait-elle continuer à la célébrer comme « vierge » et « toujours vierge » ? Duquesne estime également qu'« on ne peut à la fois louer le "oui" de Marie à Gabriel et croire en l'Immaculée Conception » (p. 34). Mais alors le oui de Jésus à son Père jusqu'à

4. *Foi chrétienne hier et aujourd'hui*, Mame, 1969, p. 195.

la mort de la croix serait-il aussi sans valeur, puisque Jésus n'a pas participé à notre péché ? Est-ce de l'acrobatie intellectuelle de dire cela ?

La foi chrétienne est « mystère », c'est-à-dire qu'elle nous annonce l'intervention transcendante de Dieu dans notre monde. Avec l'incarnation et la résurrection, il se passe une rencontre entre Dieu et notre humanité. Cette rencontre est une initiative de Dieu, gratuite et irreprésentable de son côté, mais elle intervient dans notre espace-temps et à partir de ce moment elle est l'objet de toute la recherche humaine. Mais l'instant de la rencontre, analysable dans son après pour l'incarnation ou dans son avant pour la résurrection, ne l'est plus dans son côté divin qui nous reste inaccessible. C'est pourquoi il y a aussi des « mystères de Marie », selon une expression d'Yves de Montcheuil, car Marie touche de très près au mystère du Christ. Nos générations accepteraient encore le discours de la foi, mais à condition qu'il ne vienne surtout pas toucher nos réalités empiriques. Ici, chasse gardée ! Quand Dieu se fait proche de l'homme de manière bouleversante, notre monde l'accuse d'une sorte de promiscuité.

Disons pour terminer que le livre de Jacques Duquesne est un évangile apocryphe de Marie. Des évangiles apocryphes, il a le côté touchant qui cherche à boucher les trous des récits évangéliques. Je sais que J. Duquesne se fait l'écho de questions que se posent beaucoup de catholiques aujourd'hui et je suis persuadé que tous ces points ont besoin d'un enseignement plus élaboré pour répondre à leurs difficultés de croire. Mais Duquesne y apporte des solutions trop faciles, trop conformes à nos idéologies pour qu'elles puissent être justes.

# 1

# La Vierge Marie à Vatican II et depuis le Concile

Au début du concile de Vatican II, René Laurentin fit un point assez dramatique des tensions théologiques concernant la Vierge Marie, dans *La question mariale*[1], un livre d'action et d'engagement, mais aussi un livre de souffrance devant une situation qu'il jugeait malsaine. Il signalait les motifs d'inquiétude suscités par le mouvement marial contemporain : abondance de la production, mais aussi médiocrité et débordements, surenchères, manque de sérieux scientifique, exégèses abusives. La théologie mariale se spécialisait au point de s'isoler de la théologie : la « mariologie » devenait une discipline autonome. Elle cherchait son principe en Marie elle-même et non plus à partir de son

1. Seuil, Paris, 1963.

rôle dans l'économie du salut. Dans cette visée Marie était avant tout singulière ; elle était presque en tout analogue au Christ. Cette mariologie devenait ésotérique et était d'ailleurs ignorée du reste de la théologie.

Elle cherchait en particulier à développer de nouveaux privilèges marials : on parlait d'un « ordre hypostatique » auquel Marie appartiendrait, de « corédemption » et même de mérite *de condigno* [2] de sa part ; on parlait de Marie « tête associée ou tête secondaire du corps mystique (*concaput*). On visait de nouvelles « conquêtes mariales » ou encore de « nouvelles pierres à mettre à la couronne de Marie ».

Mais ces excès provoquaient une réaction, si bien que l'on constatait deux tendances caractérisées par des options alors appelées maximalistes ou minimalistes. Sur la première pesait le soupçon de « mariolâtrie » ; sur la seconde celui de manque de générosité et d'amour pour la Vierge. La première tendance était « christotypique » : elle assimilait le plus possible Marie au Christ ; elle faisait de la mariologie un décalque de la christologie. Elle situait Marie du côté du Rédempteur et au-dessus de l'Église. La

2. Le mérite *de condigno*, c'est-à-dire celui qui a valeur en justice devant Dieu, est évidemment le privilège du Christ seul.

seconde tendance cherchait au contraire à réintroduire Marie dans l'Église, à la situer du côté des rachetés, même si son rôle a été unique. Entre 1950 et le Concile, de nombreuses études allaient déjà dans cette voie.

Au début du Concile la première tendance voulait donc continuer sur la lancée des définitions mariales ; la seconde voulait au contraire marquer un arrêt net.

# 1.

## Le tournant pris par Vatican II

### *Du débat à la crise*

Un premier schéma avait été préparé avant le Concile, intitulé *La bienheureuse Vierge Marie, Mère de Dieu et Mère des hommes*. Il devait primitivement faire partie du schéma sur l'Église, puis fut érigé en schéma séparé. Le conseil de présidence chercha à faire voter ce texte assez précis sur la médiation de Marie, la corédemption, la virginité *in partu*[3], bref un texte qui était loin d'être « œcuménique », à la fin de la première session du Concile et à l'occasion de la fête du 8 décembre 1962. Mais l'Assemblée réagit négativement : les Pères redoutaient la dog-

3. C'est-à-dire dans l'acte de l'accouchement.

matisation hâtive de formules nouvelles. Ils préférèrent passer en priorité au débat sur l'Église.

Lors de la deuxième session, en 1963 et au cours du débat sur l'Église, le problème de la place du document consacré à Marie se posa à nouveau. Une question fut soumise aux votes des Pères : « Vous plaît-il de faire du schéma sur la Vierge Marie, Mère de Dieu et Mère de l'Église, le dernier chapitre du schéma sur l'Église ? » Aussitôt deux cardinaux plaidèrent successivement le *contre* (Santos, de Manille) et le *pour* (König, de Vienne). Le sens de la question était le suivant : voter *pour*, c'était souligner que la Vierge appartient au corps de l'Église, la « relever de son excommunication ecclésiale », disait-on avec humour dans les couloirs ; c'était aussi stopper les tendances inflationnistes de la mariologie spécialisée ; voter *contre*, c'était juger qu'une telle intégration de Marie à l'Église la ravalait au niveau des autres chrétiens, entreprise minimisante, car Marie « transcende » l'Église.

Une propagande intense, et parfois même passionnelle, se développa jusqu'au moment du vote qui donna le résultat suivant : *pour* 1 114 voix ; *contre* 1 074. Le Concile se trouvait donc coupé en deux à 40 voix de différence. Ce fut la consternation, comme l'année précédente à propos du schéma sur la révélation. Il y eut des larmes. Ce vote manifestait cependant une large volonté de porter un coup d'arrêt au mouvement marial tel qu'il se développait jusqu'alors, au bénéfice d'une théologie mariale ressourcée, plus sobre, plus biblique et rapportée au mystère du salut. Une commission de conciliation fut alors nommée, qui se trouvait d'ailleurs en présence de divers contre-projets.

À la fin de la deuxième session, Paul VI donna les indications suivantes dans son discours de clôture : il convient d'intégrer Marie au schéma sur l'Église ; mais il faut aussi manifester son éminence par rapport à l'Église, en la proclamant « Mère de l'Église » (ce que le Concile se refusera de faire) ; on doit enfin viser à retrouver l'unanimité conciliaire.

### *Rédaction et vote du schéma ; Paul VI et Marie « Mère de l'Église »*

Le schéma fut complètement réécrit avec l'intention délibérée de situer Marie dans le mystère du Christ et de l'Église. Ce nouveau chapitre est d'une grande sobriété, très biblique et patristique. Tous les mots en sont pesés. Il ne donna lieu qu'à un débat assez bref et à une série de 90 amendements, ce qui est peu. Il fut voté à la quasi-unanimité et promulgué avec la constitution *Lumen Gentium* le 21 novembre 1964.

Mais Paul VI proclama alors Marie « Mère de l'Église », ce qui n'est pas une définition dogmatique. Le concile avait délibérément omis ce titre dans son texte. La commission théologique avait en effet émis le jugement suivant : « L'expression "Mère de l'Église" […] ne peut être dite traditionnelle. Quand elle est employée, rarement, elle est complétée par "fille" et "sœur". C'est une comparaison. Au plan œcuménique, elle n'est pas recommandable, bien qu'elle puisse être admise théologiquement. » Paul VI a tenu un certain compte de ces remarques en disant dans ses explications au titre : « "Mère de l'Église", c'est-à-dire de tout le peuple de Dieu, aussi bien des fidèles que des pasteurs » ; Marie est Mère de l'Église militante. Mais elle reste membre de l'Église, notre sœur par le lien de la nature. Le désir du pape était d'exprimer d'abord une conviction personnelle et de réconforter ensuite la minorité conciliaire, très déçue dans ses attentes mariales.

### *Les orientations du Concile : Marie toute relative au Christ et corrélative à l'Église*

Le Concile propose dans ce chapitre un enseignement synthétique et structuré concernant la Vierge Marie. Paul VI saluait ainsi le texte : « C'est la première fois qu'un concile œcuménique présente une synthèse si vaste de la doctrine catholique sur la place que Marie occupe dans le mystère du Christ et de l'Église [4]. » Certes, le Concile affirme dans sa déclaration d'intention qu'il ne veut pas proposer un enseignement complet sur Marie, ni trancher les questions encore en recherche chez les théologiens. Cette déclaration semble une précaution et la justification, au regard de la minorité déçue, d'avoir tu certains titres et certains thèmes. Mais on sait que le Concile n'a jamais voulu condamner : ses silences ne doivent donc pas être interprétés comme des refus formels. Cet exposé conciliaire a valeur normative tant pour la pastorale que pour la théologie.

– *L'intention du Concile est clairement exprimée dans le prologue ou première section* du chapitre. C'est une intention délibé-

4. Discours au Concile du 21.11.1964.

rée de rester en deçà du vocabulaire spéculatif élaboré depuis cinquante ans par le mouvement marial et les théologiens, et une volonté de ne rien définir. Les opinions théologiques n'appartiennent pas au domaine de la foi et sont laissées à la responsabilité de leurs auteurs. Cette intention marque un tournant dans la considération catholique de Marie. Toute la manière de faire du Concile est une invitation à travailler sur les données de l'Écriture et de la tradition. La réflexion mariale change de cap.

L'intention fondamentale est aussi de situer la doctrine mariale dans la totalité du mystère chrétien, comme le soulignent les titres du chapitre et de sa deuxième section. Cette préoccupation est exprimée huit fois dans le texte. Il s'agit donc d'une doctrine mariale « fonctionnelle » ou « intégrée ».

– *L'exposition de la deuxième section* s'inscrit dans un large schème scripturaire. Parcourant l'économie du salut depuis la lente préparation de la venue du Christ jusqu'à la glorification de la Vierge, le Concile expose le rôle et le destin de Marie en suivant le cours de son existence et en partant des annonces prophétiques qui la concernent. Marie est toujours inscrite dans la totalité de l'économie du salut. Tel est l'axe de l'exposé. Il ne s'agit pas d'une exégèse biblique, mais d'une théologie biblique très sobre. Ce sera à propos des mystères de la Vierge que seront insérés les commentaires doctrinaux de la tradition et des conciles. Cette partie est d'ailleurs tout autant patristique que scripturaire et en plusieurs cas l'interprétation de l'Écriture est attribuée aux Pères.

Le dossier scripturaire ainsi retenu par le Concile se caractérise par une prudence scrupuleuse. Le document ne fait intervenir que les textes dont la signification mariale est indiscutable et au niveau d'interprétation où leur portée est indiscutable. Cela se traduit par un grand nombre de « *cf.* » qui marquent une distance consciente d'elle-même entre la rédaction conciliaire et les textes bibliques allégués.

Cette prudence amène une modification sensible du dossier marial auquel le catholicisme s'était habitué : les textes sapientiels ne sont jamais invoqués ; il n'y aucune allusion à *Apocalypse* 12, alors que ce texte appartient à la liturgie de l'Assomption. En revanche, ce dossier s'est voulu plus complet : il a incorporé le thème, récemment mis en lumière par Max Thurian, de Marie « fille de Sion ». Marie est au premier rang des pauvres et des humbles du Seigneur ; le document reconnaît les allusions de Lc 1 à Sophonie 3,14-17.

D'autre part, le Concile fait la place qui leur revenait aux versets apparemment « restrictifs » des Évangiles concernant la Vierge. Il souligne que les parents de Jésus ne comprirent pas la parole de leur fils au Temple (Lc 2,41-51). Il donne le sens de la parole : « Qui est ma mère et qui sont mes frères ? » (Mc 3,35). Il mentionne le *logion* : « Heureux plutôt ceux qui écoutent la parole de Dieu et qui la gardent » (Lc 11,27). Le Royaume de Dieu est au-dessus des liens de la chair et du sang, et Marie est précisément celle qui a écouté et gardé la parole de Dieu et a été proclamée bienheureuse pour sa foi par Élisabeth. Le Concile souligne à cette occasion que la « Vierge Marie, elle aussi, a avancé dans le pèlerinage de la foi » jusqu'à l'épreuve de la croix[5].

Au plan des affirmations doctrinales on rencontre la même prudence. Sans doute le Concile reprend-il sans faille tout ce qui est défini au sujet de Marie. Mais cela est inscrit dans un leitmotiv de l'union de la Mère à son Fils depuis la conception virginale (7 fois).

---

5. N° 58.

– *Le lien de Marie à l'Église constitue le thème de la troisième section.* Il est exprimé par trois mots clés : *Membre*, *Mère* et *Type*, annoncés dans le prologue :

Le fait que Marie soit *membre* de l'Église est déjà clairement mis en valeur par l'insertion du chapitre dans la Constitution dogmatique sur l'Église. Dans le mystère de l'Église, la Vierge est venue la première, de même que par sa glorification au ciel elle est le « commencement de l'Église qui doit avoir son accomplissement dans le ciel à venir ». Marie est donc intérieure à l'Église, tout en demeurant pour elle un membre suréminent et unique.

Autour du titre de *Mère* le Concile rassemble tout ce qui concerne l'influence de Marie sur l'Église. C'est là qu'il aborde certains sujets brûlants comme celui de la « coopération » au salut et qu'il en vient à employer une fois le terme de « médiatrice ».

Le développement commence par le rappel du texte de 1 Tm 2,5-6 sur l'unique Médiateur, qui est posé comme un principe absolu par rapport au rôle de Marie (alors que dans la première rédaction il constituait une objection à résoudre !). En conséquence, le rôle maternel de Marie ne peut rien enlever à cette unicité du Médiateur et ne peut être connuméré avec lui. Il est le fait du bon plaisir divin et découle de la surabondance des mérites du Christ.

Marie est ensuite présentée comme associée (*socia*) à l'incarnation et à la rédemption, comme l'humble servante qui coopère (*cooperata est*) par son obéissance, sa foi, son espérance et sa charité, depuis le *Fiat* de l'Annonciation jusqu'au consentement de la croix. La nature de cette coopération est donc de l'ordre de la réponse apportée au don de Dieu, dans la foi et dans la grâce. Elle n'ajoute rien à l'initiative salvatrice de Dieu dans le Christ.

C'est pourquoi Marie a été pour nous mère « dans l'économie de la grâce ». C'est la formule que le Concile emploie à la différence de « Mère de l'Église », souhaitée par Paul VI. D'où les titres traditionnels qui lui ont été donnés, « Avocate » (Irénée), « Secours, Auxiliatrice, Médiatrice ». Ce n'est qu'à la fin de cette série de titres traditionnels, exprimant l'intercession de Marie, qu'intervient le mot de « médiatrice », très relativisé et devenu sans équivoque. Le terme est d'ailleurs aussitôt glosé ainsi : « Ce qui cependant s'entend de façon à ne rien enlever, rien ajouter à la dignité et à l'efficience du Christ, unique Médiateur. » Le cardinal Bea aurait voulu la suppression de toute mention de Marie médiatrice dans le document. Il représentait dans cette position la majorité du Concile qui entendait mettre un arrêt à la requête de la définition de la médiation mariale. Dans la logique générale du chapitre c'est bien ce message qui a été entendu.

Marie est enfin le *type* exemplaire et la figure de l'Église à un triple titre, parce qu'elle est vierge, mère et sainte. La virginité et la maternité de Marie se reproduisent dans l'Église qui devient mère en engendrant à la foi les enfants de Dieu par la prédication et le baptême, et demeure vierge par la pureté de sa foi et sa consécration totale au Christ son époux.

– *Quant au culte marial dans l'Église* (quatrième et dernière section), il répond à la parole du *Magnificat* : « Toutes les générations me diront bienheureuse. » Ce culte diffère du culte d'adoration qui n'est dû qu'au Dieu trinitaire. Il doit être biblique, christocentrique et théocentrique. Il se doit d'éviter tout ce qui pourrait être compris comme une erreur de la part des « frères séparés » sur la véritable doctrine de l'Église. Le document s'achève par le vœu œcuménique de l'unité de tous les chrétiens.

# 2.

# De la « mariologie » à la « théologie mariale » après le Concile

Après le Concile on constate en un premier temps une grande diminution de la production théologique sur Marie, une sorte de silence méditatif, mais nullement une baisse dans la qualité des œuvres publiées. À l'époque on a parlé de « crise » mariale ; le terme me paraît exagéré. Ce fut plutôt un temps de reconversion de la doctrine mariale. La théologie mariale a fait un retour critique sur elle-même, avant d'emboîter le pas aux orientations du Concile. Ce fut la mort d'une forme de « mariologie triomphaliste » et le passage de la « mariologie », c'est-à-dire d'un secteur de la théologie qui avait pris son indépendance et ne considérait que Marie en elle-même, à une « théologie mariale » qui, à la suite du concile, situe Marie dans l'Église et dans l'économie du salut, bref une théologie « intégrée ». Marie a été réintégrée dans la théologie. On médite les inspirations venues de Paul VI : Marie toute relative au Christ, à l'Esprit et à l'Église. C'est une reconversion assez admirable des thèmes, par rapport à ceux qui étaient privilégiés par la mariologie post-tridentine. Le Concile a certainement mis un point d'arrêt au mouvement mariologique de la première moitié du XX$^{e}$ siècle, dont la préoccupation majeure était d'obtenir des définitions dogmatiques ajoutant des titres nouveaux à la Vierge. Dans les années postconciliaires, on ne parle plus de la médiation, de la corédemption, de la royauté de Marie ou même du « premier principe » de la théologie mariale. On veut intégrer à la recherche le tournant de Vatican II.

Cependant[6], la production théologique sur Marie est restée vivante après Vatican II, comme on le voit en particulier à partir des congrès, symposiums et colloques réguliè-

6. Je reprends maintenant, librement mais en substance, certains éléments d'un exposé donné à Lyon en 1996. *Cf. Théologie, histoire et piété mariale. Actes du colloque de la Faculté de théologie de Lyon*, sous la dir. de J. Comby, Profac, Lyon, 1997, p. 63-76.

rement organisés par les diverses associations de théologie mariale dans le monde et dans l'œuvre de grands théologiens, qui avaient d'ailleurs préparé les orientations du Concile (Hugo et Karl Rahner, H. de Lubac, O. Semmelroth, L. Bouyer, H. Urs von Balthasar). De même, le mouvement œcuménique et le dialogue renoué avec les Églises de l'Orient et les Églises issues de la Réforme ont constitué un certain stimulant de la réflexion mariale. Stimulant d'une part correcteur, qui a aidé à renoncer à toute forme, même déguisée, de « mariolâtrie » et d'autre part positif, faisant avancer la problématique.

C'est pourquoi les deux thèmes majeurs du Concile, Marie dans l'économie du salut et Marie dans l'Église, constituent la thématique de base. Par exemple, Otto Semmelroth[7] scrute la signification christologique des différents dogmes marials. Il situe Marie dans le sillage du Christ et à l'intérieur de l'Église dont elle est le type. Tel est également le sens de la contribution de A. Müller, dans la *Dogmatique de l'histoire du salut*, *Mysterium salutis*, intitulée « Place et coopération de Marie dans l'événement Jésus-

7. O. Semmelroth, « Comment l'union de la mariologie avec l'ecclésiologie aide à l'interprétation de ces deux mystères », *Acta congressus internationalis de Theologia concilii Vaticani II (1966)*, Romae, Typis polyglottis vaticanis, 1968.

Christ[8] ». On retient également ce qui touche à la relation de Marie à l'Église, avec l'étude de Marie « type de l'Église » et aussi, en raison de l'initiative de Paul VI, de Marie « mère de l'Église ».

Pour ce faire, on oublie les raffinements d'une « mariologie » qui se voulait systématique et l'on retourne à la lecture des sources. Les recherches scrutent les textes bibliques et traditionnels. Ces quarante dernières années ont vu d'innombrables études sur les récits de l'enfance en Matthieu et Luc, Marie à Cana et à la croix chez Jean, la femme dans le ciel d'*Apocalypse* 12, etc. On a vu de même une production intéressante d'études patristiques, qui approfondissent la théologie des Pères, depuis le parallèle irénéen entre Ève et Marie jusqu'à la *Theotokos* d'Éphèse. Dans ce cadre, il faut noter un grand regain d'intérêt pour les apocryphes, même si on les regarde de manière prudemment critique. Au plan de l'histoire, ils ne doivent pas être rejetés massivement, mais critiqués, d'autant plus qu'au plan théologique ils ont joué un rôle indiscutable dans le développement de certaines affirmations mariales.

On constate encore un regain d'études sur l'histoire de la théologie et de la dévotion

---

8. Trad. française, Paris, Cerf, 1972, tome 13.

mariales[9]. Une série de congrès marials internationaux a passé en revue le culte de Marie dans les premiers siècles (Lisbonne 1967), du VIe au XIe siècle (Zagreb 1971), du XIIe au XVe siècle (Rome 1975), au XVIe siècle (Saragosse 1979), aux XVIIe et XVIIIe siècles (Malte 1983). Des théologiens orthodoxes et protestants ont participé à des congrès marials et ont publié sur ces sujets[10], bien après le livre courageux de Tappolet sur la théologie mariale des Réformateurs[11].

### *De « Marie-reine » à « Marie-servante »*

Dans ce climat général la réflexion doctrinale passe globalement d'une théologie de Marie-reine à une théologie de Marie-servante. Marie s'est présentée elle-même comme « la servante du Seigneur » (Lc 1,38). Ce ne sont plus les « privilèges » d'une mariologie qui occupent l'attention, mais la vierge d'Israël : celle qui représente les pauvres de Yahvé, la servante de l'Annonciation, la mère de famille qui a couru les risques et les épreuves liés à l'enfance de Jésus et qui a

9. W. Delius, *Geschichte der Marienverehrung*, München, 1963.
10. M. Lods, *Bulletin de la Société française d'études mariales*, 24 (1967). – J.-P. Gabus, « Point de vue protestant sur les études mariologiques et la piété mariale », *Marianum*, 44 (1982), p. 475-509.
11. W. Tappolet, *Das Marienlob der Reformatoren*, Tübingen, 1962.

mené à Nazareth une existence « ordinaire » ; celle qui s'est effacée devant la mission de son Fils pour se retrouver présente à l'épreuve de la croix, celle qui s'offre ainsi à notre imitation comme exemple d'une existence selon le Royaume. Cette considération correspond à la christologie du *Serviteur* appelé à se manifester comme le *Seigneur*. On retrouve le lien entre le *etapeinôsen* – il s'est *abaissé* – de Ph 2, et, dans le *Magnificat*, la *tapeinôsis* – la *bassesse* – de la servante. Marie est située dans le sillage de l'anéantissement – la *kénose* – du Christ. Dans tout cet itinéraire, la foi de Marie, soulignée dans *Lumen Gentium* puis par Jean-Paul II, joue un rôle exemplaire[12]. Bref, il s'agit de tout ce qui montre le partage par Marie de notre condition humaine et de sa solidarité avec la famille humaine.

### *Marie et le Saint-Esprit*

Un autre trait concerne la relation de Marie à l'Esprit saint. On avait accusé le mouvement marial précédent, surtout à partir de Trente, de substituer Marie à l'Esprit saint dans la considération doctrinale. On lui repro-

12. Cf. *Études mariales. Bulletin de la Société française d'études mariales*, *La foi de Marie mère du Rédempteur*, Paris, Médiaspaul, 1995.

chait de détourner à son profit les fonctions et rôles reconnus à l'Esprit. Plus encore, la Vierge faisait partie d'une nouvelle « trinité » : le Père, le Fils et Marie. On a parlé de la « vacuité pneumatologique » de la mariologie.

D'intéressantes contributions, en particulier bibliques, ont jeté une bonne lumière sur ce point, je pense aux études de H. Mühlen [13]. Cette réflexion invite à une meilleure appréciation du lien entre Marie et la Trinité et à éviter le titre extrêmement ambigu de « Marie épouse de l'Esprit », car l'Esprit de Dieu en venant sur Marie ne joue pas le rôle d'un procréateur, mais celui d'un créateur, comme lors de la création du monde.

Mais on rencontre, là aussi, le danger d'une inflation, par exemple avec la thèse qui affirme l'existence d'une « union hypostatique » entre la Vierge et l'Esprit Saint. C'est celle de Leonardo Boff, le franciscain brésilien connu pour sa théologie de la libération. Ceci est lié chez lui à une considération très forte de la dimension féminine de l'Esprit : le féminin est approprié au Saint-Esprit qui aurait de ce fait la mission de « diviniser

---

13. H. Mühlen, *L'Esprit dans l'Église*, 2 vol., Cerf, Paris, 1969. – A. Manaranche, *L'Esprit et la femme*, Seuil, Paris, 1974. – H.-M. Manteau-Bonamy, *La Vierge Marie et le Saint-Esprit*, Lethielleux, Paris, 2e éd. 1971 ; « L'Esprit saint et Marie », *Eph. Mar.* 28 (1978), 2-3, avec introduction de D. Fernandez.

hypostatiquement » le féminin (de même que le Christ divinise le masculin) :

> Le divinisateur du masculin (et du féminin) a été le Verbe ; le divinisateur du féminin (et du masculin) est le Saint-Esprit. Le parallélisme Christ-Adam, Marie-Ève trouve ici son parfait équilibre (p. 108).
>
> Que ce soit Marie, et non une quelconque autre femme, qui ait été assumée hypostatiquement, nous le savons seulement *a posteriori* (p. 108).
>
> Par l'Esprit Saint, elle se voit assumée hypostatiquement pour éterniser le féminin [14] (p. 267).

Boff a pu s'inspirer, selon une solidarité franciscaine, de certaines expressions de Maximilien Kolbe, dont on connaît la mort généreuse dans un camp de concentration : « L'Esprit Saint, dit-il, est l'Immaculée Conception incréée ; Marie est l'Immaculée Conception créée ; elle est ainsi la quasi-incarnation de l'Esprit Saint et son épouse : ce qui fonde un échange de noms et de titres entre eux [15]. »

À ces thèses il faut opposer évidemment

---

14. L. Boff, *O rosto materno de Deus. Ensaio interdisciplinar sobre o feminino e suas formas religiosas*, Petropolis, Voces, 1979. *Cf.* R. Laurentin, « Bulletin sur la Vierge Marie », *Rev. Sc. Phil. Théol. (RSPT)* 65 (1981), p. 311-313.
15. R. Laurentin, *ibid.*, p. 308.

un non catégorique. Il y a un abus manifeste de l'expression « union hypostatique » qui ne concerne que le Christ, et qui ferait franchir à Marie la limite du créé.

### *Marie, figure de la femme et « libératrice »*

Il faut signaler aussi une attention nouvelle donnée à Marie comme figure de la femme, en lien avec toutes les questions posées aujourd'hui sur le rôle de la femme dans l'Église et la société[16]. C'est un point d'anthropologie féminine chrétienne : les mouvements féministes critiquent volontiers l'image de Marie comme représentation d'un idéal féminin de passivité, d'effacement, de silence, de modestie, d'obéissance et de résignation. Sans doute, au cours de l'histoire, des projections culturelles ont-elles exagérément et unilatéralement marqué cette image. Une prise en compte plus complète et plus biblique du mystère de Marie (en particulier le « ministère » qui lui est propre) peut certainement apporter des éclairages nouveaux. On souligne ainsi la liberté audacieuse

16. *Cf. Études mariales. Bulletin de la Société française d'études mariales : la figure de Marie, lumière sur la femme*, O.E.I.L., Paris, 1989. – *Marie, mythe ou modèle pour la femme d'aujourd'hui ?*, O.E.I.L., Paris, 1990. – *Le mystère de Marie et la femme d'aujourd'hui*, Médiaspaul, Paris, 1991.

de Marie dans son *Fiat*, le « virus révolutionnaire » du *Magnificat*, qui déplaisait tant à Ch. Maurras [17]. L. Boff voit dans la figure de Marie la plus grande figure libératrice en Amérique latine. C'est ainsi l'image de Marie qui évolue : non plus d'abord la passivité, mais le courage, l'audace et la liberté d'une fille d'Israël. Marie, fille de Sion, est célébrée.

Sur ce point de la féminité, il convient de signaler l'appel aux sciences humaines, en particulier à la psychologie des profondeurs pour analyser le sens du modèle de Marie dans la vie des consciences [18].

### *La virginité de Marie remise en question*

À vrai dire, de graves interrogations ont aussi traversé la théologie mariale dans les années 1970 : la conception virginale de Jésus fut mise en cause, non point dans son *sens*, mais dans son *fait*, à l'instar d'ailleurs de sa résurrection. On se souvient des débats soulevés autour du *Catéchisme hollandais*, qui avaient amené à la rédaction d'un nouveau texte [19]. H. Küng avait lui aussi bruyamment pris parti pour ramener la conception virgi-

17. Cf. R. Laurentin, « Bulletin sur la Vierge Marie », *RSPT* 56 (1972), p. 481, note 124.
18. Cf. B. Lorenzo, « Variante psychanalytique sur la Vierge Marie », *Cahiers marials*, 98, 15 juin 1975, p. 155-171.
19. Cf. R. Laurentin, *RSPT* 54 (1970), p. 291-296, et les positions de H. Halbfas, *ibid.*, p. 296-298.

nale à un « symbole, jadis du moins chargé de sens[20] ». Cette crise était intérieure à la réflexion christologique, mais elle atteignait inévitablement Marie. Étaient alors en question la réalité de l'humanité de Jésus et le rapport entre anthropologie et sexualité. Ce débat, moins virulent actuellement, reste toujours latent, comme on le voit avec les prises de position d'Eugen Drewermann[21], qui reprend le dossier de manière très unilatérale, en lui ajoutant le point de vue psychanalytique. Un ouvrage plus récent encore[22] entend maintenir le rôle original et décisif du Saint-Esprit, tout en posant que Jésus a pu naître d'une union normale entre Joseph et Marie. Mais ce débat a permis, comme celui qui a porté sur la résurrection, de clarifier une problématique extrêmement complexe et de mieux cerner à la fois le contenu et la portée de cette affirmation. À sa manière, il a montré que la virginité de Marie concernait d'abord le Christ et ne rejaillissait qu'ensuite sur sa mère : il a donc illustré un aspect de la théologie mariale intégrée.

Aujourd'hui, c'est la question de la virgi-

---

20. H. Küng, *Être chrétien*, Seuil, Paris, 1978, p. 531.
21. E. Drewermann, *De la naissance des dieux à la naissance du Christ. Une interprétation des récits de la nativité de Jésus d'après la psychologie des profondeurs*, Seuil, Paris, 1992.
22. J.M. Moschetta, *Jésus, fils de Joseph. Comment comprendre aujourd'hui la conception virginale de Jésus ?*, L'Harmattan, Paris, 2002.

nité *perpétuelle* de Marie, en raison de la mention des frères et sœurs de Jésus dans les Évangiles, qui est davantage à l'ordre du jour. Ce thème a défrayé la chronique française avec le premier livre de J. Duquesne[23], et a été repris dans un petit ouvrage de F. Refoulé[24]. Le cas est délicat : il est bon de le creuser le plus possible au plan de l'histoire. Mais je crois pour ma part que personne ne peut, à ce plan, apporter de preuve apodictique de la nature exacte de cette parenté, ni pour dire qu'il s'agit de vrais frères ni pour dire que ce sont des cousins, parce que les Évangiles ne nous donnent pas les éléments nécessaires d'un tel jugement. C'est donc un point qui doit être jugé à l'intérieur de l'organisme de la foi, à la lumière des raisons doctrinales apportées par la tradition chrétienne.

23. J. Duquesne, *Jésus*, Flammarion/DDB, Paris, 1994. Sur son livre *Marie*, voir les précisions données dans l'introduction, p. 11 *sqq*.
24. F. Refoulé, *Les frères et sœurs de Jésus : frères ou cousins ?*, DDB, Paris, 1995.

## 3.

## Les interventions pontificales

Les deux papes qui ont suivi Vatican II ont écrit un certain nombre de documents sur Marie, en particulier Jean-Paul II, et institué assez fréquemment des « années mariales ». Il ne peut être question de recenser l'ensemble de ces textes très divers, ni même d'en faire la synthèse. Je dégage seulement l'enseignement des documents les plus importants :

### *Paul VI*

Le pape Paul VI publia deux documents sur la Vierge Marie[25], qui s'inscrivent dans

25. *Signum magnum* de 1967 (*La Documentation catholique* 1495 [1967], 961-972) et *Marialis cultus* de 1974 (*La Documentation catholique* 1651 [1974], 301-309).

la suite de Vatican II : en 1967, *Signum magnum* et en 1974, *Marialis cultus*. Le second d'entre eux peut être considéré comme le « directoire » du culte marial correspondant au chapitre VIII de *Lumen Gentium*. Je m'arrêterai un instant sur lui.

Son intention est d'expliciter l'enseignement de *Lumen Gentium* sur le culte marial, dont il fait d'abord le point dans la liturgie. Certains ont pensé qu'il s'agissait pour le pape de « relancer » le culte marial jugé alors en « crise ». Mais celui-ci insiste surtout sur le fait que le culte de Marie est une partie du culte chrétien, dans lequel Marie est toujours subordonnée au Christ. Il demande que la piété mariale soit toujours christologique et pneumatologique. Il s'explique sur la réforme liturgique qui a supprimé certaines fêtes mariales – au grand dam de certains – et en a « christologisé » d'autres, comme la « Présentation du Seigneur » et l'« Annonciation du Seigneur ».

Paul VI propose également un renouveau de la piété mariale, en soulignant ses aspects trinitaire, christologique et ecclésial et en demandant que quatre orientations soient respectées, biblique, liturgique, œcuménique et anthropologique. Cette dernière considération était particulièrement neuve. Elle aborde l'image de Marie comme femme, qui a marqué les consciences par des phénomènes socioculturels à discerner. Certaines déviations du culte marial sont fermement critiquées (crédulité, pratiques extérieures, sentimentalisme stérile et éphémère). Le document se termine par des indications sur l'*Angelus* et le Rosaire.

### *Jean-Paul II*

Jean-Paul II a une très forte dévotion personnelle à Marie, qu'il mentionne à la fin dc toutes ses interventions. Il a visité les grands sanctuaires marials du monde. Cependant, il a refusé les pressions qui le poussaient à solenniser le bimillénaire de la naissance de Marie. Retenons les deux documents les plus importants sur notre sujet, son encyclique *Redemptoris Mater* et la lettre apostolique *Mulieris dignitatem* :

– L'encyclique *Redemptoris Mater*[26] : après avoir donné une trilogie trinitaire dans ses premières encycliques, le pape en a consacré une à Marie. Cet ordre n'est pas neutre : la Vierge se trouve ainsi naturellement mise à sa place dans le mystère chrétien.

Comment Jean-Paul II se situe-t-il par rapport à l'enseignement marial de Vatican II ?

26. *La Documentation catholique*, 1938 (1987), p. 383-406.

Tout d'abord, l'encyclique affirme une intention explicitement œcuménique, bien qu'elle se préoccupe davantage de l'Orient orthodoxe que des Églises de la Réforme en Occident.

Ensuite, deux données inscrivent clairement le document dans la suite de *Lumen Gentium*. D'abord, le ton de cette méditation doctrinale est délibérément biblique : non seulement Jean-Paul II cite abondamment les grands textes évangéliques sur Marie, mais encore il applique à celle-ci les passages décisifs de saint Paul sur l'élection, la grâce, la justification par la foi. La foi de Marie est comparée à celle d'Abraham. La Vierge est ainsi inscrite dans la grande communauté des rachetés et sa vocation exceptionnelle ne la fait pas échapper à la condition commune annoncée par l'Évangile qu'est la justification par la foi.

Seconde donnée : le document se réfère constamment au chapitre VIII de *Lumen Gentium*[27]. Il en suit pratiquement le plan : Marie dans le mystère du Christ, puis dans le mystère de l'Église. L'originalité du nouveau texte tient dans la mise en relief de la maternité de la Vierge.

Cependant, l'encyclique fait un angle important avec *Lumen Gentium* dans sa

27. 67 citations pour 110 pages de texte dans l'édition vaticane.

IIIe partie, consacrée à la « médiation maternelle » de Marie. Alors que le Concile avait délibérément marginalisé le terme de « médiatrice », ne l'employant qu'une seule fois dans une série d'expressions qualifiant l'intercession de Marie, l'encyclique remet en quelque sorte sur orbite l'expression de « médiation maternelle ». L'expression est sans doute expliquée en un sens qui lui enlève toute ambiguïté. La réflexion part du texte majeur sur l'unique Médiateur (1 Tm 2,5) et y revient sans cesse comme à sa norme. La « médiation » de Marie découle donc d'une source unique, elle est participée et subordonnée ; elle vient de ce que la Vierge a été généreusement associée au Rédempteur. C'est une médiation *maternelle*, qui s'est exprimée à Cana dans l'intercession de la mère de Jésus. Elle n'est rien d'autre que la « coopération » de Marie à l'action salvifique de son Fils. Ce que vise le terme à propos de Marie est donc radicalement différent de la véritable et seule médiation accomplie par le Verbe incarné. L'analogie comporte ici beaucoup plus de différences que de ressemblances. Le texte de l'encyclique, justement compris, est au-dessus de tout soupçon. Une interprétation révérencielle peut y voir l'intention d'effacer l'adjectif *médiatrice* en le remplaçant par l'expression de « médiation maternelle », où le terme de *maternelle* a plus de poids que celui de *médiation*. Mais est-il opportun d'employer toujours un mot qui a besoin de tant de précautions, d'explications et de justifications pour être « justement compris » et qui fait inévitablement difficulté aux chrétiens issus de la Réforme ?

– La lettre apostolique *Mulieris dignitatem*[28] : un peu plus d'un an après l'encyclique *Redemptoris Mater*, Jean-Paul II publiait une lettre apostolique sur la dignité de la femme, annoncée d'ailleurs dans l'encyclique. Il s'agit dans ce texte d'une sorte d'anthropologie féminine, proposée à la lumière de l'Écriture. La figure féminine continûment évoquée est la Vierge Marie, en particulier à propos de la maternité et de la virginité. Est aussi largement traité le parallèle entre Ève et Marie, toutes deux nommées « femmes » par l'Écriture, avec l'opposition du rôle de la femme au commencement du péché et du rôle de Marie à l'aube du salut, nouvelle Ève. On y retrouve la philosophie très personnaliste de Jean-Paul II, qui apporte sa pierre, selon ses propres orientations, à la recherche actuelle sur l'image de Marie comme femme.

---

28. *La Documentation catholique*, 1972 (1988), p. 1063-1088.

4.

## L'évolution de la dévotion populaire

### *Un maintien surprenant*

Dans les années postconciliaires[29], certains ont pu craindre une baisse de la piété catholique envers Marie. Il n'en fut rien. L'étonnant est bien plutôt qu'à l'époque où l'on a enregistré une grande désaffection de la pratique religieuse et sacramentelle, la dévotion du peuple catholique à Marie se soit maintenue. Il est remarquable que la fréquentation des pèlerinages marials reste au même niveau, quand elle n'augmente pas. Il y a là une expression du catholicisme populaire qu'il faut écouter.

29. Cf. *Études mariales. Bulletin de la Société française d'études mariales : la Vierge Marie dans la piété du peuple chrétien depuis Vatican II*, Médiaspaul, Paris, 1992.

On doit reconnaître aussi l'effort pastoral qui se déploie dans certains grands lieux de pèlerinage (Lourdes, La Salette, par exemple), afin de permettre aux pèlerins une expérience de foi authentique et formatrice. On y propose aux pèlerins une sorte de petite retraite où la place de Marie est intégrée à l'ensemble du mystère chrétien. Ces pèlerinages sont aujourd'hui des lieux privilégiés de la pastorale catholique du christianisme populaire. Les responsables des œuvres mariales partagent généralement le souci œcuménique. On remarque aussi un renouvellement de la pastorale du rosaire.

### *Nostalgies et ambiguïtés*

Aujourd'hui, les orientations de Vatican II restent en vigueur. Cependant, on constate la réapparition dans certains milieux théologiques d'une forme d'inflation mariale et même le retour aux démarches en faveur de nouvelles définitions mariales. Un ouvrage a récemment tenu la thèse selon laquelle, puisque les deux sexes ont collaboré au premier péché en la personne d'Adam et Ève, la rédemption devait être exercée par les deux sexes. Un tel discours réhabilite dangereusement, pour ne pas dire d'une manière qui frise l'hérésie, le thème de la corédemption.

On sent aussi naître dans certaines couches du peuple catholique une nostalgie de la piété mariale d'antan, qui s'exprimait sous les formes ambiguës dénoncées à la fois par le Concile et par Paul VI. La course à des lieux d'apparitions sujets à controverses et non approuvés par les autorités ecclésiales (Garabandal 1961-1965, San Damiano 1961-1968, Balestrino 1967-1968, Medzugorjé depuis quinze ans) a repris, en particulier dans les milieux traditionalistes, malgré de sévères mises en garde des évêques. Nous voyons aussi la reprise de certaines formes de dévotion discutables, comme les « vierges pèlerines », accompagnées d'un discours dévotionnel et de gestes de piété qui n'ont rien à voir avec les orientations de Vatican II. Sans doute ne faut-il pas dramatiser ces phénomènes et respecter certaines mentalités (sans parler des dons de grâce qui sont effectivement vécus en certains de ces lieux). Mais la vigilance et l'effort d'une catéchèse mariale authentique s'imposent plus que jamais.

## Conclusion :
## Marie témoin du *sola gratia*,
## du *sola fide* et du *soli Deo gloria*

Pour terminer cet exposé et dans un esprit authentiquement œcuménique, je voudrais dire que le mystère de la Vierge Marie vérifie et illustre admirablement les trois grands adages de la Réforme, compris dans toute leur positivité. Il peut paraître paradoxal de récapituler sous cette trilogie l'essentiel du mystère de la Vierge Marie. Cette perspective nous montre en tout cas que Marie ne devrait pas être un signe de contradiction entre chrétiens :

*Sola gratia* : tout en Marie vient de la grâce de Dieu, elle qui a « trouvé grâce » devant Dieu et qui est « comblée de grâce ».

*Sola fide* : tout en Marie est réponse de la foi. Marie est la figure de la foi du Nouveau Testament comme Abraham l'avait été de l'Ancien.

*Soli Deo gloria* : tout en Marie rend gloire à Dieu, en particulier le « ministère » de la maternité divine.

Nous pouvons redire avec l'ange :

Réjouis-toi, Marie, comblée de grâce,
Le Seigneur est avec toi !

## Compléments bibliographiques

Il est impossible de signaler ici l'ensemble de la production littéraire sur la Vierge Marie dans la période considérée. Pour une information plus abondante voir les différents « Bulletins sur la Vierge Marie » de R. Laurentin dans *RSPT*, de 1966 à 1986 – *Cf.* aussi *Enciclopedia Mariana postconciliar*, Madrid, Coeulsa, 1976 – Stefano de Fiores, *Maria nella teologia contemporanea*, Centro di Cultura mariana « Mater Ecclesiae », Roma, 1987.

Je signale aussi quelques ouvrages récents :

A. et F. Dumas, *Marie de Nazareth*, Labor et fides, Genève, 1989 [Protestant].

A. Kniazeff, *La mère de Dieu dans l'Église orthodoxe*, Cerf, Paris, 1990.

J. Bur, *Pour comprendre la Vierge Marie*

*dans le mystère du Christ et de l'Église*, Cerf, Paris, 1992.

M.-J. Bérère, *Marie – tout simplement*, L'Atelier, Paris, 1999.

*La Vierge dans la catéchèse hier et aujourd'hui*, « Études mariales », Collectif, Médiaspaul, Paris, 2000.

# 2

# Marie dans le dessein de Dieu et la communion des saints

## Présentation du document du Groupe des Dombes sur la Vierge Marie

« Notre-Dame des Dombes », tel est le patronyme de l'abbaye fondée au XIX^e^ siècle à la demande de l'évêque de Belley, dans une région à l'époque insalubre en raison de la multiplicité de ses étangs et de ses marais, située à 40 kilomètres environ au nord-est de Lyon. Un essaim de moines cisterciens trappistes venus d'Aiguebelle y établit la vie conventuelle, en même temps qu'il développait un système savant d'irrigation à plusieurs niveaux permettant de gérer les eaux stagnantes et d'assainir le pays. Aujourd'hui « la Dombe » est une région saine et accueillante, connue pour ses oiseaux et ses poissons.

Mais je dois dire aussi, avec une certaine tristesse, que la première page de l'abbaye des Dombes est aujourd'hui tournée. Les neuf derniers moines, âgés et certains malades, ne pouvant plus en assurer la vie, ont dû l'abandonner en 2001. Ils avaient tout quitté pour y entrer ; ils ont, une fois encore, tout quitté avec une abnégation admirable pour la laisser à d'autres. Heureusement, la Communauté du Chemin Neuf a accepté de la prendre en charge avec toutes ses activités et de continuer à rendre, sous une forme différente, témoignage à l'Évangile dans cette région. Quant au Groupe lui-même, il se réunit depuis quelques années à l'abbaye bénédictine de Pradines, près de Roanne.

## 1.

## Brève histoire du Groupe des Dombes

### *La fondation du Groupe et les trois grandes phases de son existence*

En 1937, l'abbé Paul Couturier, prêtre du diocèse de Lyon et grand apôtre de l'œcuménisme, eut l'idée, audacieuse à l'époque, de réunir pour trois jours à l'abbaye des Dombes quelques amis prêtres catholiques et pasteurs protestants. Son idée était la suivante : pour se réconcilier, il faut s'aimer ; et pour s'aimer, il faut se connaître. Les rencontres se passaient en des temps alternés de prière et d'écoute mutuelle.

On peut distinguer trois grandes phases dans la vie du Groupe. La première phase, de

1937 à 1956 (compte tenu des interruptions dues à la guerre), fut le temps du *face-à-face* et de l'apprivoisement mutuel, dans une écoute des positions doctrinales respectives. C'est une chose de connaître la théologie du partenaire sous forme de thèses plus ou moins durcies et une autre de l'entendre lui-même l'exposer dans le cadre de son dynamisme vivant. En 1953, l'abbé Couturier mourut et le Groupe fit à cette occasion un temps de retraite commune. De 1956 à 1970, le Groupe passa au temps du *côte à côte*, car il avait désormais conscience que ses échanges pouvaient donner lieu à la rédaction de thèses communes, limitées sans doute, mais capables d'établir le procès-verbal d'un accord grandissant. Personnellement, j'appartiens au Groupe depuis 1967 et j'ai connu la fin de cette étape. À partir de 1971 le Groupe, voulant répondre de son mieux aux requêtes de plus en plus insistantes sur la question de « l'intercommunion » ou de l'hospitalité eucharistique, et convaincu que de telles avancées ne pouvaient se faire que sur la base d'un authentique consensus dans la foi, prit l'initiative de rédiger un texte organique portant sur l'eucharistie. Ce fut le point de départ d'une série de documents donnant une sorte de catéchèse œcuménique sur divers dossiers précis du contentieux demeurant entre Églises.

La série se continua avec *Pour la réconciliation des ministères* (1972), *Le ministère épiscopal* (1976), *L'Esprit Saint, l'Église et les sacrements* (1979), *Le ministère de communion dans l'Église universelle* (1985), *Pour la conversion des Églises* (1990), et enfin *Marie dans le dessein de Dieu et la communion des saints* (1997). Actuellement le Groupe travaille à un document consacré à l'autorité doctrinale dans l'Église.

Les lieux de la rencontre furent alternativement protestants et catholiques, le plus souvent Taizé et les Dombes, jusqu'au moment où le Groupe décida de se réunir chaque année au même endroit.

Parmi les personnalités ayant appartenu au Groupe dans le passé ou dans un présent récent, il faut faire une mention spéciale, parmi bien d'autres, de grands théologiens protestants : Robert Bosc, Hébert Roux, Henry Bruston, Marc Lods, André Benoit, Max Thurian. Dans leur sillage le Groupe a compté également Daniel Atger, Louis Lévrier, Alain Blancy. Du côté catholique, mentionnons les deux grands disciples du P. Couturier, Maurice Villain et Pierre Michalon, puis Joseph de Baciocchi, Gustave Martelet, René Girault, André Fabre, Maurice Jourjon, René Beaupère, Henri Denis, Bruno Chenu. Mais ce sont là surtout les grandes figures du passé : le Groupe se rajeunit sans cesse et est actuellement formé d'une solide équipe dont il n'est pas possible de donner tous les noms.

La question de la participation des femmes est souvent posée à propos de ce Groupe. Une difficulté venait de ce que l'hôtellerie des Dombes resta longtemps sous la clôture papale d'une abbaye : les femmes ne pouvaient y être reçues ! Mais les années passant, cette clôture fut enfin levée et telle ou telle femme fut invitée à donner une contribution relevant de sa compétence, en particulier pour le document sur la Vierge Marie. Le Groupe comprend actuellement deux protestantes et trois catholiques, chiffre qui est appelé à s'élargir dans l'avenir.

### *Méthode de travail et présupposés théologiques*

Je vais résumer en neuf points rapides les convictions et les principes qui animent le travail du Groupe :

1. La priorité donnée à la prière : l'abbé Couturier parlait d'une théologie « ruisselante de prière ». Aussi la prière commune tient-elle une place importante dans la vie de

nos rencontres, en lien fort avec la prière de la Communauté qui l'accueille.

2. Un climat d'amitié dans lequel on peut tout se dire, y compris les misères de sa propre Église. La charité est en effet nécessaire à la recherche de la vérité. Nous avons besoin les uns des autres pour vivre plus pleinement dans la vérité. L'histoire montre d'ailleurs que le manque de charité entre chrétiens et un climat conflictuel provoquent dans un premier temps un schisme qui a tendance à se justifier par la doctrine. C'est le processus inverse qu'il convient de mettre en œuvre aujourd'hui dans la dynamique œcuménique.

3. L'abandon de la théologie de controverse au profit de la modestie bienveillante et ouverte. Dans la théologie de controverse chacun voulait prouver qu'il avait raison et que l'autre avait tort. « Je les convaincrai par des arguments invincibles », disait jadis Bossuet aux protestants. Dans la théologie œcuménique, chacun essaie d'entrer dans les raisons de l'autre et de reconnaître les points sur lesquels il peut avoir tort. « J'ai mes torts, l'autre a ses raisons. » Je sais aussi que je peux avoir tort dans ma manière d'avoir raison. J'essaie donc d'entrer dans l'intention

de foi de mon partenaire et de m'enrichir de toute la part de vérité qui l'habite.

4. Tout le travail est donc inscrit dans une attitude de *conversion*. Le Groupe a distingué à ce sujet la *conversion chrétienne* fondamentale, la *conversion confessionnelle* et la *conversion ecclésiale*. C'est pourquoi chacun des documents entend associer une recherche proprement doctrinale à une proposition de conversion sur des points pratiques qui s'adressent à chaque Église. La conversion dans laquelle le Groupe invite ses lecteurs à entrer à sa suite est un travail de longue haleine qui engage le *langage* (car certains mots sont piégés par les conflits passés), la *mémoire* et la *mentalité*.

5. La démarche entend sortir de l'opposition simple du *tout ou rien*, ce qui est parfois la difficulté du dialogue avec l'orthodoxie. On prend acte que l'on est d'accord sur le point A ; et de là on essaie de parvenir à un accord plus large sur le point B.

6. Le *recours à l'Écriture* est essentiel dans la démarche, mais délicat. En effet, chaque partenaire risque de reporter spontanément et immédiatement ses positions confessionnelles sur l'Écriture. C'est pour-

quoi nous avons opté, à l'expérience, pour un rapport *médiat* à l'Écriture, en proposant d'abord un parcours historique qui permette de revisiter notre passé commun et notre passé confessionnel depuis la division, de convertir notre mémoire à leur endroit et de mieux prendre conscience de nos préjugés respectifs. L'histoire nous aide ainsi à discerner en vérité les données de l'Écriture. Elle nous met également au cœur du difficile problème du rapport entre Écriture et tradition.

7. La *concentration christologique* permet de mettre en œuvre l'analogie de la foi. Tout est soumis à la personne du Christ, confessé Fils de Dieu et vrai homme. Tout doit être soumis à cette vérification au nom de la cohérence de la foi en ses divers chapitres.

8. Le *principe dogmatique* : saint Thomas enseigne que la foi n'a pas son terme dans des paroles mais dans des réalités. Les formules conciliaires sont à prendre en ce sens. Le langage est toujours une *médiation* habitée par une visée qui le transcende. Là où une formule ne peut plus être comprise en vérité, il faut chercher à exprimer d'une autre manière la réalité imprescriptible qui est visée. Dans le même esprit, on doit tenir compte de la hiérarchie des vérités : car la foi n'est pas un

catalogue, mais un organisme vivant, où chaque vérité a une place déterminée et différente par rapport au centre de perspective.

9. Pour terminer, je veux mentionner le *principe d'intégration*. Le dialogue œcuménique ne fonctionne pas selon le type d'une négociation économique où chacun fait des concessions pour en obtenir d'autres de son partenaire. Il ne cherche pas à établir le plus petit dénominateur commun. Comme l'a fort bien dit J. de Baciocchi, il fait un inventaire de toutes les données en causes jugées imprescriptibles, afin de les intégrer dans une vérité commune, qui n'est pas en arrière mais en avant de nous, dans un christianisme plus pur, spirituellement et intellectuellement plus exigeant, plus équilibré aussi.

## *La préparation du document sur Marie*

Pourquoi avoir choisi ce thème, particulièrement difficile et qui, jusqu'à présent à une exception près, n'avait jamais fait l'objet d'un travail proprement œcuménique ? Parce que le thème de la Vierge Marie est symboliquement récapitulateur de l'essentiel du contentieux demeurant entre catholiques et protestants. K. Barth l'avait déjà fort bien vu : avec la Vierge Marie, la justification par la foi seule est en question du côté de la libre réponse du justifié, et ce qui vaut du rôle de Marie dans le salut vaut aussi analogiquement pour l'Église.

Le point de départ de la réflexion fut anthropologique. Madame Nobécourt-Granier, psychanalyste, manifesta devant nous le maléfice qui, dans la Bible, affecte la transmission de la génération de mère en fille. Marie apparaît comme celle qui libère l'humanité de ce maléfice. Puis le Groupe passa beaucoup de temps sur la place de Marie dans la vie de l'Église aux différentes époques de l'histoire, de la patristique au Moyen Âge et du début des temps modernes à notre actualité, avec la succession des divers mouvements marials aux cours des derniers siècles. L'étude de l'Écriture fut menée avec une grande rigueur et France Quéré fut invitée à donner sa lecture des récits de l'enfance de Jésus.

Bien vite, nous fûmes conscients qu'il fallait faire une double part dans le document à venir : dire d'abord ce que nous pouvions tous confesser ensemble dans la foi sur la Vierge Marie ; ensuite aborder avec détermination les points de contentieux qui demeurent.

Le pasteur Alain Blancy, coprésident protestant du Groupe, proposa de manière lumineuse d'articuler la première partie sur le rapport entre l'Écriture et la confession de la foi. Cela permettait de souligner, à propos du premier article, le statut de créature de la Vierge Marie, femme, juive et mère ; de présenter, dans le deuxième article, le commentaire de l'expression « conçu du Saint-Esprit, né de la Vierge Marie » avec les récits de l'enfance et l'ensemble du dossier marial du Nouveau Testament ; et enfin de situer Marie à la Pentecôte, au milieu des disciples et dans la communion des saints. C'est une mise en œuvre heureuse du rapport fondamental entre les Écritures nombreuses et variées et la brève formule de la confession de foi qui les résume selon leur axe essentiel.

Le contentieux fut vite identifié selon quatre dossiers fondamentaux : la coopération de Marie au salut, sa virginité perpétuelle, les dogmes récents de l'Immaculée Conception et de l'Assomption ; et enfin l'invocation de Marie. Je me souviens également du tour de table particulièrement émouvant au cours duquel chacun essaya de dire son attitude personnelle et sa relation spirituelle avec la Vierge Marie.

# 2.

## La première partie du texte : de l'histoire à l'Écriture[1]

Comme je l'ai déjà dit, cette première partie est placée sous le signe de l'accord et de la foi commune. Il fallait montrer que ce qui nous unit sur la Vierge Marie est infiniment plus fort que ce qui nous sépare. Il fallait également démentir l'opposition caricaturale selon laquelle les catholiques « croient » en la Vierge Marie et les protestants « ne croient pas » en elle et la rejettent. Le terme de *croire*

1. Rappelons que ce document comporte deux parties qui ont fait l'objet d'une publication en deux temps : I. « Marie… Dans l'histoire et l'Écriture » (n$^{os}$ 1-203), Bayard, 1997 ; et II. « Marie… Controverse et conversion » (n$^{os}$ 204-338), Bayard, 1998. Ces deux tomes ont fait l'objet d'une réédition en un seul volume, *Marie dans le dessein de Dieu et la communion des saints*, Bayard, 1999.

est d'ailleurs ambigu dans les deux cas, car en définitive la foi ne s'adresse qu'à Dieu seul.

### *Les leçons surprenantes de l'histoire*

Pour les raisons que j'ai dites plus haut, le témoignage de l'histoire précède dans l'exposé celui de l'Écriture. Il était important en effet de « déminer » le terrain par un parcours historique où chacun ait le courage de prendre acte de ce que fut la confession de foi de l'Église ancienne, et conscience de ses propres orientations au cours d'un devenir historique où le meilleur a côtoyé le moins bon.

Dans cette histoire il y a du nouveau à apprendre pour tout le monde. Une place importante est donnée à la littérature apocryphe chrétienne – actuellement l'objet de nombreuses recherches du côté protestant –, non bien sûr dans le but de la prendre pour argent comptant, mais parce qu'elle constitue un des lieux de la réflexion mariale ancienne. On découvre aussi que l'Immaculée Conception a été définie une première fois par le concile de Bâle (1431-1449), antérieur à la Réforme ; mais cette définition n'a pas été retenue, parce que ce concile *conciliariste*[2] avait à ce moment rompu avec le

2. Conciliariste, parce qu'il tenait la position de la supériorité juridique et doctrinale du concile sur le pape.

pape. On s'aperçoit encore que la Vierge Marie n'a nullement constitué un motif de rupture au XVIe siècle : les grands Réformateurs avaient une attitude positive à l'égard de la personne de Marie et respectaient à son sujet les grandes affirmations doctrinales de l'Église de leur temps. Ils tenaient la virginité perpétuelle de Marie. Par contre, ils critiquaient fortement la piété mariale issue du Moyen Âge, dont ils dénonçaient les « dérapages » par rapport au nécessaire christocentrisme de la foi chrétienne. Les catholiques avertis du XVIe siècle, tel saint Pierre Canisius, se gendarmaient de leur côté contre les excès inconsidérés de la dévotion mariale. Le théologien réformé Charles Drelincourt écrit, au XVIIe siècle, un petit traité intitulé *De l'honneur qui doit être rendu à la sainte et bienheureuse Vierge Marie.* La position protestante ne se radicalisera qu'au XVIIIe siècle. De leur côté, les catholiques découvrirent bien des ambiguïtés qui ont marqué les mouvements marials successifs du XVIIe aux XIXe et XXe siècles. Un évêque du XIXe n'a-t-il pas appelé Marie « la quatrième personne de la sainte Trinité » ? Ils sont invités ainsi à un juste discernement des exigences de la foi au Christ quand on parle de sa mère, et à prendre au sérieux le « tournant » marial qui fut celui de l'Église catholique à Vatican II. Les protestants sont également invités à découvrir plus que des nuances dans l'interprétation simplifiée qui est souvent donnée de leur propre tradition.

### *Une lecture de l'Écriture dans la confession de foi*

Le parcours scripturaire proposé alors est structuré de manière originale selon les trois articles du Credo. Le Credo s'est toujours présenté depuis les origines comme la récapitulation en quelques formules simples de l'enseignement de l'Écriture. Le rapport mutuel entre l'Écriture et la confession de foi est ainsi le fil directeur du développement, dans l'espoir d'actualiser notre foi commune sur la place qui revient à la Vierge dans le mystère chrétien.

Il s'agit d'une méditation contemplative des textes marials de l'Écriture, fondée sur une exégèse vérifiée et bien à jour, mais qui se veut discrète et ne donne aucun étalage d'érudition. Cette méditation se fait tout simplement *récit* : elle raconte l'œuvre de Dieu pour notre salut. Les conclusions en italiques des diverses sections reviennent sur la formule « Nous confessons dans la foi… ». Le contenu de ce qu'il fallait dire à propos du second article du Symbole s'imposait et il en constitue le développement le plus long.

Le premier et le troisième article sont plus originaux. Le premier permet de situer Marie comme une créature, une femme de notre monde qui a pleinement assumé la condition féminine de son temps, une fille d'Israël qui reprend la prière des femmes de son peuple, une épouse et une mère enfin. Elle est du côté des hommes. À la différence de certaines figures de proue féminines de l'Ancien Testament, Marie partage une condition tout ordinaire, elle appartient au petit peuple des pauvres d'Israël. Dans cette section le lien entre l'Écriture et Marie est plus discret, mais le texte entend situer nettement Marie dans la catégorie de la créature.

Le troisième article du Credo est consacré au Saint-Esprit et confesse la communion des saints. Situer Marie dans le cadre de cette communion était essentiel pour les protestants et cette insistance se retrouve dans le titre même du livret. Le commentaire se fait ici plus explicitement théologique.

# 3.

# La seconde partie du texte : le contentieux interconfessionnel

La deuxième partie du texte aborde donc les quatre questions appartenant au contentieux marial entre chrétiens. Le Groupe était évidemment attendu sur ce terrain. La crédibilité de l'ensemble du travail en dépendait.

### *La « coopération » de Marie*

Le premier point surprendra sans doute bien des catholiques qui ne le soupçonnent même pas. Il a été pourtant formulé naguère avec la plus grande sévérité par Karl Barth. La doctrine catholique estime que Marie, par son *Fiat* d'abord, par le rôle qu'elle a joué en raison de sa maternité ensuite et de sa présence à la croix enfin, a « coopéré » à la réalisation du salut accompli par le Christ. Or la doctrine luthérienne et réformée de la justification par la foi exclut que toute œuvre humaine puisse constituer un ajout à la grande œuvre accomplie exclusivement par le Christ. Nous sommes ici sur le terrain central de la Réforme. Il y va de tout le rapport de la grâce et de la liberté[3].

Spontanément, une conscience protestante – mais peut-être aussi certains catholiques ? – interprète la position catholique ainsi : Marie, agissant du côté et à côté du Christ, apporte sa propre pierre à l'édifice de notre salut. Disons, pour faire clair, que le Christ en a réalisé la quasi-totalité, 90 %, voire 99 %, mais qu'une petite partie en revient à Marie, qui serait alors « corédemptrice » avec le Christ. K. Barth parle ainsi de manière répétée d'une action « indépendante » de Marie par rapport à celle du Christ[4]. Or une telle

3. À ce sujet il est bon de savoir que la phrase de Col 1,24 qui a fait souvent difficulté et était longtemps traduite ainsi : « Je complète en ma chair ce qui manque aux épreuves du Christ pour son corps qui est l'Église » (BJ) ne signifie nullement que Paul aurait à compléter quoi que ce soit à la passion du Christ. Le texte doit être traduit en suivant l'ordre des mots du grec : « Je mène à son terme ce qui manque aux tribulations du Christ en ma chair pour son corps qui est l'Église. » Ce qui est inachevé, c'est la conformation de la personne de Paul au mystère de la passion, à travers ses tribulations apostoliques. *Cf.* J.-N. Aletti, *Saint Paul. Épître aux Colossiens*, Gabalda, Paris, 1993, p. 134-137.
4. K. Barth, *Dogmatique*, V. I, t. 2 ; éd. Labor et Fides, Genève, 1954, volume 3, p. 131.

interprétation est une grave hérésie que jamais la doctrine catholique n'a professée. Il faut tenir la « corédemption » pour une expression « objectivement fautive » à oublier, à l'exemple des documents pontificaux récents qui « l'écartent systématiquement ». Il n'est pas inutile de rappeler cela haut et fort, quand on apprend qu'un large mouvement de pétitions – encouragé par certains cardinaux et des évêques – demande actuellement à Rome la définition dogmatique de ce titre marial et de plusieurs autres. Une commission internationale, nommée par le Vatican pour étudier la question, exprime sa surprise devant une telle demande qui contredit formellement l'orientation délibérée prise par Vatican II[5].

En réalité, Marie demeure toujours du côté des hommes ; elle a besoin d'être « rachetée » comme eux tous, même si selon la foi catholique son « rachat » a pris la forme d'une préservation et non d'une purification du péché. Marie est la première bénéficiaire de la croix du Christ. Sa coopération se situe donc tout entière du côté de la réponse libre de la foi. L'initiative du salut est accomplie à 100 % par le Christ. Saint Augustin ne disait-il pas que « quand Dieu couronne nos mérites,

5. Cf. *La Documentation catholique,* 2164 (1997), p. 693-695 ; *Marie dans le dessein de Dieu*, n° 210, note 3, p. 111.

il ne couronne rien d'autre que ses propres dons[6] » ? La coopération de Marie ne saurait donc être « indépendante » : elle est tout entière le fruit de la grâce de Dieu. Elle est du même ordre que la coopération de la liberté à la grâce en tout chrétien, même si elle en est le modèle exemplaire. Coopérer à la grâce, c'est toujours lui répondre dans la grâce. Le mot de *réponse* renvoie à l'idée de responsabilité et de liberté. L'accueil est nécessaire à la grâce pour que celle-ci soit pleinement grâce. Tout cadeau doit être reçu pour être véritablement un cadeau.

Cet élargissement du problème le rend plus difficile encore. Car il concerne le point qui demeure toujours litigieux entre catholiques et protestants : non pas la justification par la grâce moyennant la foi, qui est l'objet d'un consensus fondamental, mais celui des conséquences de la justification dans le justifié. Si la justification est reçue « passivement », elle libère et « fonde une activité nouvelle ». Ce développement du texte constitue, à mon sens, une clarification décisive sur un point qui dépasse largement le cas de la Vierge Marie et peut intéresser le dialogue sur l'Église. Sur le plan proprement doctrinal, c'est sans doute l'avancée la plus importante du document.

---

6. Cf. nº 217.

### *Les frères et sœurs de Jésus*

Vient ensuite la question de la mention des frères et sœurs de Jésus dans les Évangiles, qui engage celle de la virginité perpétuelle de Marie. Dans un *status quaestionis* honnête, le document distingue le plan de l'histoire et de l'exégèse et celui de la foi. Au plan de l'histoire, il faut reconnaître avec modestie que l'on ne peut établir aucune preuve certaine, ni que ces frères et sœurs le sont au sens restreint, ni qu'ils ne sont que des cousins. « Les arguments accumulés de part et d'autre se ramènent à des présomptions facilement retournables[7]. » Ce n'est pas en effet la fraternité physique qui intéresse les évangélistes, mais la fraternité spirituelle. Au plan de la foi, les Églises catholique et orthodoxe estiment que les données de l'Écriture ne contredisent nullement l'affirmation de foi qui s'est dégagée dans l'Église ancienne à ce sujet. L'affirmation de la virginité perpétuelle n'est sans doute pas biblique, mais elle est le fruit d'une méditation de l'Église considérant que la maternité divine engage une consécration totale de la mère à son fils et rend impensable pour Marie l'exercice d'une intimité conjugale.

---

7. N° 230.

Marie, « mère *virginale* de *Jésus* » dans l'Écriture, est devenue dans le climat d'Éphèse « Marie mère *toujours vierge* de *Dieu* ».

Mais la grande majorité protestante actuelle – qui n'est pas une unanimité – estime « que l'on ne peut fonder une affirmation de foi certaine sur une attestation scripturaire incertaine[8] ». Cependant, certains protestants pensent que « l'affirmation de la virginité perpétuelle de Marie pourrait garder un sens spirituel à ne pas écarter[9] ». Sur ce point délicat le texte laisse son lecteur sur une question.

### *L'Immaculée Conception et l'Assomption : dogmes catholiques*

Les deux dogmes catholiques de l'Immaculée Conception et de l'Assomption constituent évidemment deux « gros morceaux » du contentieux. Le document en présente une longue analyse doctrinale, afin qu'ils soient compris en vérité. Car « c'est une chose d'adhérer à un dogme, c'est une autre chose de le comprendre en son sens anthropologique et théologique[10] ». Le grief spontané des protestants à leur égard est qu'ils arrachent Marie à la condition humaine normale. Ces deux

8. N° 232.
9. N° 233.
10. N° 261.

dogmes sont ici présentés, non pas d'abord comme des privilèges, mais selon leur sens christologique (car ils sont liés à l'incarnation et à la résurrection du Christ). Ils sont en parfaite conformité avec le *sola gratia* de l'Écriture et revêtus d'une forte valeur ecclésiologique, puisque ce qui arrive à Marie prophétise ce qui est promis à l'Église, sainteté et résurrection. Une telle analyse était nécessaire pour savoir si ces dogmes constituent des « nouveautés », c'est-à-dire des « hérésies », ou s'ils ne le sont pas. L'Immaculée Conception est le passage à la limite de l'affirmation traditionnelle « Marie est toute sainte » ; la résurrection promise à tous est anticipée dans l'Assomption de Marie.

Mais ces dogmes doivent aussi être situés dans la hiérarchie des vérités chrétiennes. Le simple fait de leur définition tardive montre qu'ils n'appartiennent pas au centre de la foi, mais qu'ils sont des conséquences de l'incarnation du Seigneur.

### *L'invocation de Marie*

Le dernier point retenu est celui de l'invocation de Marie et des saints, c'est-à-dire du culte marial. Les catholiques ont ici à réapprendre qu'en rigueur de sens on ne « prie » pas les saints, forme de culte qu'on ne peut adresser qu'au Dieu trinitaire. Mais on les « invoque », afin qu'ils prient Dieu pour nous. La preuve magistrale en est apportée par la litanie des saints, où chaque invocation comporte la réponse « Priez pour nous », et par la seconde partie du *Je vous salue Marie* qui nous fait dire : « Sainte Marie, Mère de Dieu, priez pour nous, pauvres pécheurs… »

Catholiques et protestants sont d'accord pour vénérer et imiter Marie. Ils divergent au moment de l'invoquer, car les protestants refusent toute intercession des saints. Mais cette divergence ne devient-elle pas bien ténue à partir du moment où la louange de Marie est acceptée de manière commune et où l'intercession des saints s'inscrit finalement dans la grande intercession céleste du Fils et celle de l'Esprit en nous ?

### *Les nécessaires conversions*

L'invitation à la conversion des Églises porte sur les attitudes et les pratiques respectives dans le culte marial, mais aussi et surtout sur l'évaluation de certains points de la doctrine. Le Groupe des Dombes opère ici une autre avancée qui engage la méthode du dialogue œcuménique : quelle foi est absolument nécessaire à la reconstitution de la pleine communion entre les Églises ? Retenons ici la proposition la plus forte.

La perspective de la « hiérarchie des vérités », affirmée par Vatican II, « en raison de leur rapport différent avec le fondement de la foi chrétienne[11] » joue ici un rôle capital. Si le principe est généralement admis et répété, il est beaucoup plus rarement appliqué. Le Groupe le fait ici dans le domaine délicat de la théologie mariale. La question est de savoir si une divergence sur un point plus éloigné du fondement de la foi chrétienne, considéré par les uns mais non par les autres comme appartenant à la foi, doit maintenir la séparation entre les Églises. À partir du moment où les points clés qui appartiennent à la confession de foi originelle sont professés ensemble, faut-il considérer comme séparateurs les dogmes qui ont été promulgués tardivement dans une Église, indépendamment des autres ?

Les deux définitions pontificales de 1854 et de 1950 montrent à l'évidence que l'Immaculée Conception et l'Assomption n'ont pas été professées aux origines et qu'elles ont fait l'objet d'un lent développement au cours des âges. Or on ne peut pas dire que les chrétiens de ces époques n'avaient pas une foi

11. Décret *Unitatis redintegratio*, n° 11.

complète. Jamais l'Église n'a mis en cause l'autorité de saint Bernard et de saint Thomas d'Aquin qui refusaient l'Immaculée Conception. La hiérarchie des vérités vaut ici à plein.

Le point d'accord proposé du côté catholique est alors le suivant :

*L'Église catholique ne ferait pas de l'acceptation de ces deux dogmes un préalable à la pleine communion entre les Églises. Elle demanderait seulement aux partenaires avec lesquels elle renouerait cette communion de respecter le contenu de ces dogmes, de ne pas les juger comme contraires à l'Évangile ni à la foi, mais de les considérer comme des conséquences libres et légitimes d'une réflexion de la conscience catholique sur la cohérence de la foi*[12].

Ce point est ainsi rejoint par la partie protestante :

*Si l'on tient compte de ce que nous avons dit sur la coopération et la justification par la grâce seule, nous sommes en mesure d'affirmer que l'interprétation de ces dogmes ne comporte plus rien qui soit contraire à l'annonce évangélique. En ce sens ces dogmes n'engendrent pas de divergence séparatrice*[13].

12. N° 298.
13. N° 302.

Il faut donc, mais il suffit que les deux parties reconnaissent ensemble que les dogmes de l'Immaculée Conception et de l'Assomption ne sont pas contraires à l'annonce de l'Évangile. Ce qui est considéré comme dogme de foi par les uns le sera par les autres comme conclusion théologique et doctrinale (*theologoumenon*) légitime que l'Écriture n'impose pas, mais que son enseignement n'interdit pas non plus.

Ce principe concernant l'autorité des décisions dogmatiques catholiques prises après les séparations a été déjà évoqué dans un autre domaine, à propos du dialogue avec l'orthodoxie, par le théologien Joseph Ratzinger : « Rome ne doit pas exiger de l'Orient, au sujet de la doctrine de la primauté, plus que ce qui a été formulé et vécu durant le premier millénaire[14]. » Si un tel principe de solution était officiellement reçu comme principe officiel du dialogue œcuménique, un pas décisif serait alors franchi.

Le cas de la virginité perpétuelle de Marie est plus complexe, car si le principe de la hiérarchie des vérités vaut également pour lui, l'ancienneté de son affirmation traditionnelle

14. J. Ratzinger, *Les principes de la théologie catholique*, Paris, Téqui, 1985, p. 222.

en a fait un point de consensus dans la foi, continu jusqu'au-delà du XVI$^{e}$ siècle. Cette affirmation est-elle un « obstacle à une appartenance à la même Église » ou non ? Les catholiques du Groupe sont à ce sujet plus circonspects : ils reconnaissent « que le dialogue interconfessionnel devrait être encore approfondi à ce sujet[15] ».

Tels sont les points les plus marquants de ce document, à la fois prudent et osé. Il provoquera inévitablement certaines réactions négatives des deux côtés, protestant et catholique. Puisse-t-il cependant convaincre les uns et les autres qu'il est habité par un « regard droit » sur la Vierge Marie.

Qu'en est-il de la « réception » de ce document ? Il fait discrètement son chemin, sans doute davantage du côté catholique que du côté protestant. Tout document œcuménique est un peu comme une bouteille lancée à la mer : il est confié dans l'espérance à l'avenir. Le texte est désormais traduit en anglais et a donné lieu à nombre de recensions, majoritairement positives. Les théologiens le prennent en considération sérieuse. Un signe intéressant est le prix que la Faculté pontifi-

15. N° 302.

cale romaine « Marianum » lui a décerné, certainement en connaissance de cause, en 2002. Dans le débat marial il est désormais en situation de « possession », comme on dit dans le langage juridique.

## Conclusion

Comment parler de Marie aujourd'hui ? Telle était l'intention de ces pages qui ont essayé de donner le point du discours actuel sur la Vierge, à la fois du côté catholique et sur le plan œcuménique. Quelques grandes leçons peuvent en être tirées, qui vont plus loin que le nécessaire équilibre entre les excès contraires des contestataires et des zélateurs. Déjà Vatican II nous invitait en la matière à nous abstenir « de toute exagération fausse tout comme d'une excessive timidité [16] ».

Marie ne devrait jamais être isolée de l'ensemble du discours de la foi chrétienne, mais toujours située dans l'œuvre du salut qui a

16. *Lumen Gentium* 67.

son centre dans la personne du Christ. Marie est toute « relative à Dieu et au Christ » (Paul VI) et tout corrélative à l'Église. Ce qui vaut de la théologie vaut aussi de la prédication et de la dévotion. Marie conduit au Christ et l'iconographie traditionnelle la montre toujours portant son jeune enfant dans les bras ou à côté de son corps meurtri, descendu de la croix.

Marie, appelée « mère de Jésus » (Mt 2,13 ; Mc 3,31 ; Lc 1,60 ; Jn 2,1, etc.), proclamée déjà « mère du Seigneur » (Lc 1,43) dans les Évangiles, est confessée par l'Église comme « Mère de Dieu » : tout ce qui la concerne part de là et doit y revenir. La dignité de sa personne vient de l'élection dont elle a été bénéficiaire par pure grâce de Dieu. Tout le reste ne trouve sa justification que là et n'en est que la conséquence.

Marie doit toujours être présentée comme une créature de Dieu, comme notre sœur en humanité, comme la fille d'Israël, la femme juive qui a vécu de la foi et de l'espérance de son peuple, comme celle qui a assumé, avec tous ses risques, la maternité d'un fils. Marie est aussi le grand exemple de la foi dans le Nouveau Testament, comme Abraham l'était dans l'Ancien.

Enfin, nous ne devons jamais oublier que Marie a été servante (Lc 1,38) avant d'être reine. Comme son Fils elle a volontairement choisi l'abaissement lié à sa mission et c'est bien pourquoi toutes les générations la proclament bienheureuse.

# Table des matières

N° d'éditeur : 2712
Dépôt légal : novembre 2004.

Achevé d’imprimer
en octobre 2004
Par Jouve, 11 bd de Sebastopol,
75001 Paris

N° d'imprimeur : 359181Y